AF338842

BIBLIOTHÈQUE DES FAMILLES CHRÉTIENNES

Ouvrages de M. l'abbé Rouquette.

Aucun de ces volumes n'a moins de 350 pages. Ils sont imprimés en beaux caractères et sur beau papier. La présente brochure peut servir de spécimen. — Ils sont envoyés *franco* à **2** fr. chacun à toute personne qui en fera la demande.

La Piété et le Monde. Première retraite des dames, conciliation entre les obligations de la vie sociale et les pratiques de la vie chrétienne. 1 vol. 2ᵉ édition.

Le Cloître dans le monde. Seconde retraite des dames. 1 vol. 2ᵉ édition.

L'Eucharistie est la vie du monde. Conférences dogmatiques et morales. 1 vol. 2ᵉ édition.

Sainte Clotilde et son siècle. 1 fort beau vol. 2e édition.

Sainte Germaine Cousin. Sa vie, le livre de son Imitation, Neuvaine, etc. 1 vol.

La Servante chrétienne, ou le Livre de la domestique parfaite. 1 vol. 2ᵉ édition.

Le Journal des Saints, du P. Grosez, renfermant, pour chaque jour de l'année, une Vie de saint, une Méditation, des Pratiques et des Maximes pieuses, l'Oraison du saint; retouché par M. l'abbé *Rouquette.* 2 vol.

POUR PARAITRE TRÈS PROCHAINEMENT :

Le bon Curé. Vie de M. Joseph-Auguste Piéchaud, archiprêtre de la Métropole de Toulouse. 1 vol.

Une fleur de Rome. Vie de Sᵗᵉ Agnès, composée à l'aide de documents recueillis aux lieux de son martyre. 1 vol.

L'Adoration perpétuelle du Très Saint-Sacrement. Programme complet et formules inédites, renfermant, en outre de toutes les prières liturgiques : 1° une Méditation; 2° une

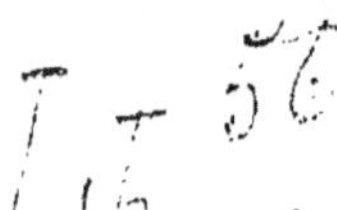

Lecture ; 3° une Visite au Saint-Sacrement; 4° un Sermon pour les trois jours que dure l'adoration ; plus les Exercices préparatoires de la veille. 1 vol.

Mélanges et Discours sur divers objets pratiques. 2 vol.

BROCHURES :

Conférence sur la vocation, prononcée au petit séminaire d'Orléans.

Le Concile œcuménique et l'esprit moderne.

Panégyrique de sainte Clotilde.

Panégyrique de saint Vincent de Paul.

Panégyrique de saint Bonaventure.

Panégyrique de saint Joseph.

Discours pour la pose de la 1re pierre d'une église.

Père Hyacinthe, vous vous êtes trompé.

La question des Orphelinats agricoles.

Ces brochures sont à **50** centimes chacune.

Adresser les demandes au secrétaire de l'Auteur, à Paris, rue Casimir-Périer, 21 ; à Toulouse, rue Clémence-Isaure, 7 ; et chez MM. Hébrail, Durand et Cᵉ, imprimeurs-libraires, rue de la Pomme, 5.

AUX BRAVES

DE

L'ARMÉE DU RHIN

ALLOCUTION FUNÈBRE

PRONONCÉE

PAR M. L'ABBÉ ROUQUETTE

Le 17 août 1870

DANS L'ÉGLISE N.-D. DE LA DAURADE DE TOULOUSE

Vendu au bénéfice des familles pauvres de nos soldats toulousains. — Prix : 50 c.

TOULOUSE

L. HÉBRAIL, DURAND ET Cⁱᵉ
IMPRIMEURS-LIBRAIRES,
Rue de la Pomme 5.

PARIS

CHEZ LE SECRÉTAIRE
DE L'AUTEUR
Rue Casimir-Perrier, 21.

Toulouse, 7, rue Clémence-Isaure.

Le mercredi 17 août 1870, M. l'abbé Ferradou, curé de l'église Notre-Dame de la Daurade, à Toulouse, a fait célébrer dans son église un service solennel pour le repos de nos braves soldats morts à l'armée du Rhin.

Cette initiative a été parfaitement comprise de la population toulousaine : la vaste église était remplie comme aux jours des plus grandes solennités. Foule recueillie, attendrie, ne demandant qu'à prier et à pleurer : plusieurs avaient déjà des vêtements de deuil, tous se sentaient exposés à les revêtir d'heure en heure. D'ailleurs, les pertes de la patrie ne sont-elles pas le deuil de tous ses enfants?

Au bas du chœur et à l'entrée de la nef, une

représentation mortuaire avait été dressée, avec
un goût religieux et patriotique, selon le caractère
de la cérémonie elle-même.

Les quatre coins de l'étage inférieur étaient
formés par des faisceaux de piques ; des cuirasses
étaient appliquées à l'arête de chaque angle : sou-
venirs des cuirassiers de Rechshoffen ; un nombre
considérable de drapeaux aux couleurs nationa-
les couvrait les quatre surfaces ; des quantités de
cierges brûlaient autour.

La partie supérieure du monument était formée
par une pyramide recouverte de couronnes et de
guirlandes de lauriers... Elle était entourée de
lumières comme la partie inférieure... La croix
dominait tout cet édifice martial et pieux.

Après la grand'messe, et avant l'absoute, l'assistance s'est massée, compacte et attentive, autour
de la chaire.

M. l'abbé Rouquette, ancien vicaire de la Daurade, a bien voulu accepter, à la dernière heure,
le devoir et l'honneur de compléter par sa parole
cette cérémonie.

Nous ne disons rien de ce discours, puisque la sténographie nous permet de le reproduire et que M. l'abbé Rouquette a consenti à revoir lui-même, aussitôt après les avoir prononcées, ces considérations qui nous avaient tant ému. L'action de l'apôtre manquera aux lecteurs, mais la vérité restera pour tous.

M. l'abbé Rouquette nous a autorisé à publier ces quelques pages, à la condition expresse que le bénéfice en serait consacré à secourir quelques familles pauvres de nos soldats toulousains ! Hélas ! il n'en manquera pas !...

Jules DELSOL.

Prière aux personnes qui recevront gratuitement ce discours, d'envoyer, *pour l'Œuvre indiquée,* une offrande, si modique soit-elle, ou à M. l'abbé Rouquette lui-même, ou à M. Jules Delsol, son secrétaire, Paris, 21, rue Casimir-Perrier ; Toulouse, 7, rue Clémence-Isaure.

ALLOCUTION FUNÈBRE

———

> *Quomodo ceciderunt fortes ?*
> Comment sont-ils tombés, eux, qui
> étaient *les forts ?*
> (Au liv. des Rois, I.)

I

M. F.

La cérémonie religieuse et patriotique à laquelle
nous assistons, nous transporte sur un champ de

bataille à l'heure la plus lugubre de ces actions sanglantes : quand la canonade ne retentit plus, quand les nuages fumants sont dissipés, quand un silence morne s'établit, quand enfin la vaste pleine, dans laquelle la vie s'agitait naguère selon ce qu'elle a de plus puissant, se trouve transformée en un réceptacle immense de morts, en un immense cimetière.

Il n'y a ici aucun frais d'imagination à faire. Hélas ! la réalité dépasse tout, puisqu'elle s'écrit avec des chiffres absolument formidables, quand même ils seraient relativement victorieux.

A l'heure où je parle, dans une lutte qu'on nous a dit devoir être longue et qui est déjà terrible, dans une guerre gigantesque et à peine naissante, des quantités de soldats français sont tombés. Combien sont-ils ? Dix mille, vingt mille, trente mille ? Nul ne le sait encore. Ce dont on ne peut douter , c'est qu'ils sont nombreux et qu'ils sont tombés en héros : *ceciderunt fortes !*

L'histoire dira les péripéties inévitables de la victoire et de la défaite : pour nous, entre les soldats de Wissembourg et ceux de Sarrebruk, nous ne faisons aucune différence ; ils sont tous tombés dans la *force* qui fait les braves : *Ceciderunt fortes !*

Français et chrétiens, je vous convie à la vénération de ces magnanimes trépassés, à la contemplation de ces glorieux cadavres. Nul spectacle ne saurait nous faire ni plus de mal ni plus de bien... Plus de mal par la douleur, plus de bien par la légitime fierté !

Quelque infirme que soit d'ordinaire ma parole, quelque inopinément qu'on m'ait fait l'honneur de la requérir pour cette solennité triste et sublime, je ne désespère pas d'éclairer d'un rayon suprême ces dépouilles obscures : j'ose aspirer à saisir une leçon universelle et un cri d'espérance sur ces lèvres que le trépas lui - même ne peut rendre muettes. Car, comme ce vieux capitaine des armées de Dieu, ils parlent encore quoiqu'ils soient morts : *Defunctus adhuc loquitur.*

Prêtre catholique et citoyen français, j'interpréterai devant vous leur derniér cri en des termes qu'aucun Prussien ne serait digne de comprendre ; car c'est le cri d'une espérance religieuse et patriotique, à la hauteur de laquelle ils ne sont pas. Les seuls peuples qui gardèrent notre foi, peuvent partager notre espérance : *Ut non contristemini sicut et cæteri qui spem non habent !*

II

Et puisque j'ai nommé *la nation ennemie*, c'est *elle* que je veux faire passer la première devant ce cercueil ; c'est *elle* dont je veux tout d'abord forcer l'admiration en lui rappelant comment ils sont tombés ceux qui étaient si forts !... et quelles conclusions elle doit raisonnablement et militairement tirer de leur chute : *Quomodo ceciderunt fortes !*

Soldats de l'Elbe et de l'Oder, mitrailleurs formidables par le nombre, regardez une dernière fois ces soldats que vous avez tués mais non vaincus. Dites, qu'en pensez-vous ? Forcé dans ses aveux admirateurs, un de vos chefs a ordonné à votre arrogance dure de se découvrir, de s'incliner devant les valeureux prisonniers que la fortune a trahis. Ah! que n'eût-il pas dit, s'il demeure sincère, devant ceux qu'elle a fait ainsi périr et qui meurent en maudissant ses aveugles coups, pendant que leur visage blême se tourne vers la France où ils ont tout laissé ; pendant que, de leur âme, s'échappe leur dernière prière vers le Dieu qui doit tout leur rendre ; car ils sont Français et ils sont chrétiens ceux qui tombent ainsi ; et c'était là le double secret de leur force : *Quomodo ceciderunt fortes !*

Les Prussiens ont désormais sous les yeux un échantillon de nos braves : nous verrons bien à quoi aboutiront leurs diplomaties dans la paix et leurs ruses de guerre. Leurs espions et leurs fourberies, trop peu surveillées, nous ont coûté cher ; mais ils sauront à l'avenir le prix du sang français. Prussiens de 1870, vous n'êtes pas meilleurs que vos pères, et nous ne sommes pas dégénérés des nôtres. Un peu plus tôt ou un peu plus tard, qu'importe ? vous serez jusqu'au bout les dignes fils des vaincus de 1806. Ils n'eurent pas moins d'audace que vous. Vous n'obtiendrez pas de meilleurs succès qu'eux ; et vous aussi, vous aurez votre Iéna !

Nos soldats restés debout vous le promettent, mais c'est surtout nos soldats tombés qui en répondent : *Quomodo ceciderunt fortes !*

III

Après les ennemis, les frères d'armes, les compagnons, l'armée tout entière. La voilà courroucée et en deuil : elle s'arrête, elle écoute, elle se recueille, elle fait des serments !

Ils sont tombés et ils étaient à vos côtés, combattant sous le même drapeau, enfants de la même patrie, soldats de la même armée, du même régiment peut-être ; ils sont tombés, eux, qui étaient si forts !

Quelle leçon et quel exemple ! quelle émulation et quel courage !... quelles espérances et quel gage de la victoire future, très prochaine !

Voulez-vous que j'interprète le dernier cri de ces mourants sublimes ? C'est celui d'un de nos plus braves capitaines français :

« Mes amis, si j'avance, suivez-moi ; si je recule, tuez-moi ; si je meurs, vengez-moi ! »

Ils ont *avancé...* Vous savez jusqu'où et comment. Incomparables cuirassiers, vous vous êtes élancés comme un seul homme, comme un homme-régiment : quand tout semblait désespéré, vous avez, durant une heure, soutenu le poids d'une montagne de bronze et de fer ! La montagne vous a écrasés, mais elle s'est brisée en vous écrasant.

Ah ! quand on lui a demandé de vos nouvelles, votre chef désespéré a répondu : « Des cuirassiers ! il n'y en a plus ! » Vous vous trompez, magnanime maréchal ; il y en a encore, il y en aura toujours. Les soldats succombent, mais le régiment demeure. Ils auront des successeurs à leur numéro d'ordre et à leur courage : le sang des héros est fécond à l'égal du sang des martyrs : c'est une semence qui, jetée sur le sol de la France, produit, en un jour, une forêt d'hommes, une armée de guerriers !

Sanguis martyrum semen christianorum !

Et vous, chasseurs intrépides, vous n'avez pas *reculé* non plus : à peine l'ordre fut-il donné de vous faire écraser, vous l'avez suivi avec un enthousiasme miraculeux ; vous avez opposé à l'ennemi une muraille humaine derrière laquelle, l'armée sauvée, a pu retrouver son chemin ! Vous y deviez périr, c'était inévitable ; mais que vous importait, puisque, avant que la muraille ait été absolument écroulée, votre chef immortel avait opéré en quelques heures une retraite plus glorieuse qu'une victoire. Ah ! nous vantons sans cesse les vieilles histoires de la Grèce et de Rome : notre armée la plus moderne, notre armée du Rhin, que dis-je, la seule division de Mac-Mahon, compte déjà des épopées dignes à la fois de Miltiade et de Léonidas, de Marathon et de Thermopyles.

Lorsqu'autrefois Léonidas et ses trois cents Spartiates eurent succombé fatalement contre une armée de cent mille Perses, on écrivit sur leur tombe cette épitaphe célèbre : « Passant, va dire à Sparte que nous sommes morts pour obéir à ses saintes lois ! »

Les enfants de notre chère Lacédémone ont, eux

aussi, succombé au seul nombre : l'ennemi les a vus, et il a été frappé d'admiration et de peur ; l'armée les a vus, et elle a juré de vaincre et de les venger ; car ici la vengeance n'est pas seulement écrite au livre du droit des nations, elle est gravée au livre de la nature qui fait partie du livre même de Dieu !

Que la France entière passe tour à tour devant leur cercueil en s'inclinant, respectueuse et fière, d'avoir porté ceux qui sont morts ainsi.

France militaire et France civile, France des gouvernants et France des gouvernés, France de la chaumière et France des palais, France des vieillards et France des enfants, France de tous les âges et de tous les états, passez, passez encore dans une *revue générale*, devant le mausolée de ces héros, et qu'il soit unanimement répété, au sein des grandes assemblées délibérantes et sur les places publiques, du haut des tribunes civiles et du haut des chaires catholiques, que ces illustres enfants de la Mère-Patrie « sont tombés pour obéir à ses saintes lois » : *Quomodo ceciderunt fortes !*

Me serait-il permis de séparer dans le regret et

dans l'éloge ceux que la Providence a daigné unir dans le sacrifice et dans la gloire? Assurément non. Laissez-moi donc les évoquer ici par leur nom, ces incomparables *turcos* ! Enfants de Mahomet par les habitudes invétérées d'une croyance imposée dès leur berceau, mais français par la conquête et par le courage, ils se sont battus comme le lion de leurs déserts. Victimes d'un idiotisme sublime, ils n'ont pas su comprendre l'ordre de réculer, même pour vaincre. Ah ! je me souviens, en pensant à eux, de la théologie d'Augustin et de saint Thomas. La France a été l'ange providentiel de leur *bonne foi invincible*. J'oserais presque dire qu'ils ont reçu le baptême du sang ; car eux aussi sont morts pour la justice , pour l'honneur, pour la liberté, pour le drapeau, pour la patrie ! Et quand cet honneur est l'honneur français, quand ce drapeau est le drapeau français, quand cette patrie est la France, il n'y a plus rien au-dessus... que l'immortelle patrie des âmes. Dieu la leur donnera : *Quomodo ceciderunt fortes !*

Chrétiens, que pensez-vous maintenant de ces

malheurs d'hier? Ne vous semblent-ils pas le pré-
lude assuré des bonheurs de demain? Ah ! nous
avions, avant ces plaies calamiteuses, une confiance
peut-être qui ne semble plus suffisamment justifiée
devant les forces monstrueuses de notre ennemi...
Mais, depuis que le sang français a coulé, la victoire définitive ne nous semble plus douteuse :

IV

Car ce sang ainsi versé n'est pas seulement une
mémorable leçon et un éloquent exemple, il est ce
que je pourrais appeler une *rançon providentielle !*
Lois douloureuses de la solidarité, mais lois cependant que les hommes n'ont pas faites et à la valeur
desquelles toutes leurs expériences ont été con-
traintes de donner raison :

Toute grande cause dut avoir au commencement
ses prophètes, ses apôtres, et plus tard ses héros et
ses martyrs...

Singulière condition de la vie que celle qui con-
siste à ne se manifester qu'au moyen de la mort :

il a fallu du sang à tous les arbres que les peuples ont plantés au sol mouvant de leurs sociétés : du sang à l'arbre de l'honneur, du sang à l'arbre de la liberté, du sang à l'arbre de la religion, à l'arbre de la croix... Et le Christ, ce vaillant athlète du devoir, ce glorieux lutteur de la charité, n'a-t-il pas arrosé de son sang humain et divin à la fois cet arbre immortel de la vérité, de la religion, de l'Evangile ! !...

Français, l'arbre, vivant depuis quatorze siècles, de notre civilisation sociale et chrétienne, momentanément transplanté aux extrêmes confins de notre territoire, a été naguère inondé du sang le plus noble, le plus généreux, le plus pur de la nation ! Attendez, attendez dans les décrets du Dieu qui répond par la prospérité des fils à l'expiation des pères, les fruits prochains de ces hécatombes rédemptrices. Saluez ces héros dont le sang doit si puissamment peser dans la balance du Dieu des nations !

Le prix du sang humain, la valeur du sang français ! y en parle avec un enthousiasme navrant devant des âmes compatissantes et fières, devant des chefs de famille qui répètent en présence de l'invasion étrangère ces paroles du vieux Mathatias devant les hordes d'Antiochus : ... « J'ai cinq enfants, si quelqu'un à le zèle de la loi, qu'il vienne et qu'il me suive. » N'est-ce pas que, par le cœur, il n'y a parmi nous que des soldats aujourd'hui !...

Et cependant, il y a des hommes, des Français, des chrétiens qui abusent de ce trésor sacré qu'on appelle le *sang*, et cherchent à le disperser dans des luttes honteuses...

Pendant que le glaive de la France est dégaîné frémissant à la frontière et frappe les coups de l'honneur,... ils cherchent, eux, dans l'ombre, des poignards qu'ils achètent avec l'argent de l'étranger...

Comme s'il ne leur suffisait pas de voir les flots de la Moselle et du Rhin troublés et rougis par le sang de nos frères... ils aspirent à le répandre lâchement dans les rues de nos cités...

Les monceaux de nos morts entassés dans les fossés ravis à l'ennemi ne leur suffisent plus. En face des champs de bataille où tombent nos braves, ils osent rêver ces abominables tueries qu'on appelle des *barricades*.

Honte, opprobre, ignominie à ces êtres dégradés et sans nom... Ils ne sont pas chrétiens, ils ne sont pas Français... ils ne sont pas même des hommes, car ils ont revêtu la nature de la bête; et de quelle bête encore !

Nos braves se battent à la frontière comme des lions. Ils ont choisi pour eux, contre nos propres frères, la férocité, stupide du tigre et des hyènes.

Laissons-les à la justice qui les réclame ; mais, en attendant, j'ai regardé comme un devoir de les livrer à vos justes réprobations et au jugement accablant de leurs frères, auxquels ils peuvent faire honte, mais qu'ils n'auront pas la puissance de déshonorer !

V

Je vous ai dit ces choses avec une absolue sim-
plicité, et, je l'avoue, avec une profonde émotion.

Je sentais, d'une part, toute l'importance de la
mission qui m'était confiée par ce vénérable pas-
teur... qu'on retrouva, toujours charitable et
patriote, à la tête de tous les mouvements qui ont
pour objet l'intérêt des âmes, l'honneur de la cité,
l'amour de la France.

Je me sentais surtout en communication d'idées
avec ce vaste auditoire. J'étais votre interprète à
tous, votre porte-voix fidèle devant ces glorieux
enfants.

Ma prière et mon cœur se répandaient à l'unisson des vôtres. Il y avait là de quoi me rendre inspiré ; il y eût eu de quoi me faire éloquent ; j'ai la certitude au moins d'avoir été compris.

Comment sont-ils tombés les *forts* de nos légions : c'était ma première question. *Quomodo ceciderunt fortes ?* Comment ? pourquoi ? Vous le savez désormais. Leur vaillance s'est chargée de vous faire la réponse : ils sont tombés précisément parce qu'ils étaient forts. *Quomodo ceciderunt fortes.* Et dans ce singulier défilé que je viens de faire passer, en quelque sorte à pas de charge, devant leur cercueil, ils vous sont simultanément apparus comme la terreur des ennemis, l'exemple de leurs frères, les accusateurs des coupables, la consolation de leurs familles et la gloire de notre armée !

VI

O braves, morts au champ d'honneur, laissez-
moi me tourner vers vous en finissant et vous
affirmer, en empruntant une parole célèbre, que du
haut de cette pyramide, qui s'appelle l'histoire —
pyramide bien autrement sublime que celle des
Pharaons — quarante siècles, que dis-je? tous les
siècles vous contemplent. Les siècles militaires du
passé dont vous avez au moins égalé la gloire, les
siècles courageux de l'avenir dont vous serez
l'exemple. Ah! sans doute, nous prions encore
pour vous, parce que les plus belles vies et les
plus consolantes morts ne sont pas affranchies de

ces faiblesses humaines qui ont encore besoin d'être purifiées ; mais *la Religion et la Patrie* vous environnent de leur plus maternel amour !

La Patrie ! elle est là agenouillée à vos pieds, comme une mère inconsolable et fière... Représentée, dans son unité affectueuse et meurtrie, par toute cette vaste assistance de pères et de mères, de frères, d'amis, de Français ! c'est elle qui croise sur vos têtes le drapeau et l'épée : le drapeau que vous avez suivi, l'épée avec laquelle vous avez combattu. Elle les passera de main en main à vos successeurs, à vos fils jusqu'aux siècles des siècles périssables : car cette mère est la France, et si ses fils meurent comme vous, la France est immortelle !

La Religion ! je la vois s'avancer des régions de l'autel vers ce mausolée éclatant : sous l'emblème d'une femme, c'est une mère encore... Que dis-je ? c'est une divinité qui vient du ciel pour vous chercher et vous reconduire.

D'une main elle tient un calice et de l'autre une croix : symbole de la vie, symbole de la mort !

« Enfants, vous dit-elle, vous avez bu jusqu'à la lie la coupe du devoir, du travail, de l'honneur ; vous vous êtes librement étendus sur le gibet de l'immolation et du sacrifice. Dieu est content de vous ! »

Vous avez eu l'honneur de *vivre utiles* et l'honneur de *mourir glorieux*.

Regardez maintenant en haut ; et, par-delà ce voile que ma main a pour vous déchiré, considérez l'asile du repos éternel ! Avec mes anges et avec mes saints, avec mes martyrs et ma Vierge Marie, avec mon Christ, qui est votre Dieu, c'est là que je vous entraîne.

La Patrie reconnaissante aura pour vous des colonnes commémoratives, des arcs-de-triomphe et des inscriptions qui vous rendront célèbres, des Panthéons fameux et des cantiques nationaux. La Patrie reconnaissante fait bien !

Moi, je vous ouvre aujourd'hui les portes éternelles d'un monde nouveau, dans les splendeurs sereines duquel la France de Clovis et de Charlemagne, la France de Duguesclin, de Jeanne d'Arc et de Vincent de Paul, sera encore la première des nations glorifiées !

Illustres enfants de l'armée du Rhin, votre place est dans ces bataillons, triomphants jusqu'à l'éternité ! !

FIN

Typ l. Héhrail, Durand et Comp^r, rue de la Pomme, 5.